NOTICE

SUR L'EXPÉDITION QUI S'EST TERMINÉE

PAR LA

PRISE DE LA SMAHLA D'ABD-EL-KADER,

LE 16 MAI 1843.

—

Prix : 25 centimes.

—

1845

VINCHON, Imprimeur des Musées royaux,
rue J.-J. Rousseau, 8.

NOTICE

SUR L'EXPÉDITION QUI S'EST TERMINÉE

PAR LA

PRISE DE LA SMAHLA D'ABD-EL-KADER,

LE 16 MAI 1843.

L'hiver de 1842 à 1843 avait été activement et utilement employé par l'armée d'Afrique. L'insurrection qui, six mois après la soumission générale, avait éclaté dans la province d'Oran et dans tout l'ouest de la province d'Alger, était comprimée par l'habileté du chef, l'énergie de nos troupes, et la rapidité de nos mouvements. Au printemps, le gouverneur-général était en mesure de reprendre contre l'émir et les tribus restées fidèles à sa cause, une offensive large et décisive.

Pour arriver à éteindre les derniers foyers de l'hostilité à la France, il fallait donner aux opérations que l'on allait entreprendre deux formes bien distinctes : il fallait disputer pied à pied d'âpres montagnes aux intrépides et farouches Kabyles ; il fallait poursuivre dans des plaines immenses des tribus nomades qui se groupaient autour du douar d'Abd-el-Kader. Tenez occupé, Orléanville fondé, permettaient d'agir avec persévérance dans l'Ouaransenis et le Dahra. La création des postes de Boghar, Teniet-el-Had et Tiaret, donnaient une excellente base d'opération aux colonnes qui devaient sillonner le petit désert.

Cette dernière mission avait été donnée aux troupes parties de Mascara, sous les ordres du lieutenant-général de Lamoricière ; et de Medeah, sous les ordres de S. A. R. le duc d'Aumale, maréchal-de-camp.

Le prince était rentré à Medeah le premier mai, après avoir parcouru la province de Titteri, où régnait une tranquillité absolue. Il y avait trouvé des renforts et des instructions.

Les troupes mises à sa disposition se composaient, déduction faite des détachements laissés à Medeah et à Boghar, de :

INFANTERIE.

1 bataillon du 33e de ligne,	Commt. de MONET.	
1 id. du 64e id.,	id. d'AURELLE.	1,300 baïonnettes aux ordres
1 id. de zouaves,	Commandant de GARDERENS.	du Lieutent-Colonel CHADEYSSON, du 64e
	Lieutenant-Colonel de CHASSELOUP.	

CAVALERIE.

1 détachemt de gendarmes,	Lieutenant-Colonel MORRIS, du 4e chasseurs.	600 chevaux aux ordres
1 id du 1er chassrs d'Af.,		du Colonel YUSUF, des spahis
2 escadrons du 4e id.,	Chef-d'Escadron d'ALLONVILLE.	
3 escadrons de spahis,		

ARTILLERIE.

Une section de montagne, — deux bouches à feu.

Le 10 mai, la colonne ainsi composée, quittait Boghar. Des approvisionnements considérables avaient été concentrés sur ce point, et la parfaite soumission de la province avait permis d'y réunir, sur réquisition, huit cents chameaux et mulets qui portaient vingt jours de vivres et vingt jours d'orge. Cette dernière précaution était essentielle pour assurer le succès de l'opération. Chaque bête de somme portait, en sus de sa charge, deux outres qui devaient servir au besoin au transport de l'eau.

Voici maintenant quel était le sens des instructions adres-

sées au prince par le lieutenant-général Changarnier, commandant la division.

Il devait commencer le *cinq mai* une opération dont le
but principal était la poursuite et la prise de la smahla
d'Abd-el-Kader. Sa colonne et celle partant de Mascara,
sous les ordres de M. le général de Lamoricière, devaient
seules concourir à l'opération. La plus grande prudence lui
était recommandée. Ahmar-ben-Ferrath, agha des Ouled-
Aïad, était mis à sa disposition.

Mais, par une seconde dépêche, il avait été informé
qu'Abd-el-Kader venait de faire une invasion dans les en-
virons de Mascara, pendant que le général de Lamoricière
était vers Tiaret et qu'il avait enlevé les Hachems-Garabas;
qu'en conséquence, le général Lamoricière ne devait plus
coopérer à la poursuite de la smahla.

La même dépêche prescrivait au prince d'agir pour son
propre compte et le plus tôt possible. Il n'était plus limité à
la date du *cinq mai;* mais il devait considérer, outre le
but principal, son mouvement comme une diversion favo-
rable au général de Lamoricière.

Ainsi, le duc d'Aumale ne devait plus compter sur le con-
cours de la division d'Oran; la colonne sous ses ordres devait agir seule dans les vastes plaines du Ser-Sous. Elle ne
devait y trouver que des ennemis, car les démarches faites
pour sonder les dispositions des nomades, ou les rallier à
notre cause, n'avaient pas eu de résultat; la plupart des
tribus étaient franchement hostiles; quelques-unes atten-
daient l'évènement pour se prononcer; mais l'effroi que
causait la présence d'Abd-el-Kader n'aurait permis à au-
cune de refuser le passage à son immense smahla.

Nous n'avions, pour nous renseigner, que l'agha des Ouled-
Aïad, Ahmar-ben-Ferrath, homme brave, dévoué, mais
pauvre, et partant mal servi; quelques cavaliers qui le sui-
vaient et une trentaine de Bou-Aïch, gens peu sûrs, vrais
forbans du désert, mais pourtant assez compromis dans

notre cause, parce qu'ils avaient pris part à quelques-unes de nos razzias. Les autres cavaliers irréguliers qui accompagnaient la colonne, connaissaient fort peu le pays. Du reste, pendant toute la campagne, tout notre goum fut d'accord pour tâcher de nous faire éviter toute rencontre avec la terrible smahla et pour nous entraîner à des razzias ; tantôt sur les Ouled-Naïl, tantôt sur les Ouled-Bessen, Ben-Maïda, etc. Mais le prince résista toujours à leurs insinuations ; il ne voulut pas, par des opérations secondaires, fatiguer les chevaux et réveiller encore l'inquiète vigilance de l'ennemi ; il se réservait, s'il manquait le but principal, de tenter ces coups de main au retour, lorsque les mêmes précautions ne seraient plus nécessaires.

Voilà ce qu'il avait appris sur la position de l'ennemi et le plan de campagne qu'il avait adopté.

Gousilah est à peu près au centre d'un pâté de montagnes boisées, où il y a de l'eau et quelques cultures ; c'est là que la smahla avait passé l'hiver, se fractionnant, changeant souvent de place, mais ne s'écartant jamais que fort peu du ksar, où Abd-el-Kader avait fait un dépôt d'armes et de grains. C'est encore dans ces mêmes parages que les derniers renseignements laissaient la smahla. Mais il était probable qu'elle allait les quitter : quelle direction prendrait-elle dans sa fuite ?

La première de nos colonnes dans l'Ouaransenis ne permettait pas de croire qu'elle chercherait un refuge de ce côté. Vers l'ouest, elle pouvait s'enfoncer dans le pays des Harars ; au côté du sud, elle pouvait gagner le Djebel-Ahmour ; au côté de l'est, le pays des Ouled-Naïl.

Lorsqu'il semblait positif que la division de Mascara devait poursuivre le même but que la colonne de Medeah, le prince avait eu le projet de se diriger immédiatement sur Taguin. Là, en effet, il fermait à la smahla la route de l'est, et il était en mesure de la poursuivre, si elle s'enfonçait dans le sud. Mais ayant été prévenu que la défection des

Hachems retiendrait sans doute le général de Lamoricière dans le Tell, et qu'il devait se considérer comme seul chargé d'opérer dans le désert, son plan dût changer, et il en adopta un fort simple, qui seul paraissait avoir quelques chances de succès.

Atteindre Gousilah le plus promptement possible, en évitant les lieux momentanément occupés par les tribus, et en tâchant de dérober à l'ennemi la direction de notre marche ; arrivé là, se procurer des renseignements, suivre la trace de la smahla, qui ne pouvait pas avoir beaucoup d'avance, et tâcher de la gagner de vitesse.

Nous partîmes donc le 10. Le duc d'Aumale était décidé à tout faire pour atteindre le but qui lui était proposé. Mais peu d'entre nous pensaient qu'il pût y réussir. La smahla nous semblait une sorte de mythe, un fantôme insaisissable. Cependant, nous espérions ; au moins, comptions-nous faire une diversion utile, une expédition avantageuse.

Le 13, nous vînmes nous établir à Roucheiga, sur un joli cours d'eau, à l'abri d'une montagne boisée qui nous masquait complètement. Une petite vallée étroite, constamment encaissée, et comme enterrée dans ces plaines arides, nous y avait conduits. Au fond de ce ravin coule un petit ruisseau, l'Oued-Belboda, et cette eau précieuse y entretient une herbe abondante qui ne permettait pas à l'ennemi d'apercevoir, sur nos traces, ces tourbillons de poussière si perfides dans les marches qui veulent être secrètes.

Toutes les mesures étaient prises pour dérouter l'espionnage et tromper l'ennemi sur le but de la mission qui avait été confiée à la colonne de Medeah.

Après une marche de nuit de neuf heures, le 14 à la pointe du jour, nous arrivions au pied d'une montagne pierreuse et escarpée que domine le petit village de Gousilah. Deux compagnies de zouaves le surprirent facilement et nous ramenèrent quelques habitants. L'oukil d'Abd-el-Kader était venu la veille de la smahla, il l'avait laissée à

8

Oussek ou Rekaï, à environ quinze lieues dans le sud-ouest.

C'est dans cette dernière direction que la colonne se remit en route dans la nuit du 14 au 15 ; et à une heure après midi, nous étions arrivés à l'extrémité sud du groupe de montagnes boisées qui entoure Gousilah, et à la dernière source , Ain-el-Gueltyn. Avant de quitter cette eau si précieuse, il convenait d'avoir des renseignements. Les éclaireurs arabes repartirent (le seul service que nous ait rendu le goum, étant celui de ménager notre cavalerie et de lui épargner les reconnaissances) ; ils ne tardèrent pas à nous ramener un petit nègre qu'ils avaient trouvé dans les bois.

Cet enfant appartenait à la tribu des Harars. Il avait été pris avec son père dans une razzia de l'émir, et venait de s'échapper de la smahla. Il s'exprimait avec une lucidité si remarquable, et répondait avec tant de suite à toutes les questions qu'on lui adressait, sans se troubler, sans se couper, que le prince fut bientôt convaincu de sa sincérité. Quant à son père, nous ne pûmes tirer de lui que ces paroles : « Ah ! vous voulez prendre la smahla et vous n'êtes » pas plus de monde ! oh ! vous pouvez vous en aller ! »

Du reste, voici ce que disait l'enfant : « Après sa pointe » dans la plaine d'Egris, Abd-el-Kader était venu à la » smahla, chercher son bataillon régulier et son canon, afin » d'empêcher les Harars de se joindre à M. de Lamoricière. » Il était arrivé trop tard ; une partie des Harars s'était en-» foncée dans l'ouest, l'autre avait fait sa soumission. Il » ramena son infanterie à son douar, et donna l'ordre à sa » smahla de gagner le Djebel-Ahmour, afin d'y manger les » grains déjà mûrs dans cette saison, que renferme cette » montagne ; afin, surtout, d'échapper à la poursuite de » la division de Mascara. C'était le 14 au soir que le » camp ennemi avait quitté Oussek ou Rekaï, se dirigeant » vers la source de Taguin , où l'on devait se reposer. » L'émir était resté avec vingt-cinq chevaux pour observer » les mouvements de M. de Lamoricière ; la plus grande

» partie de sa cavalerie était occupée ailleurs. Ben-Allal
» était dans l'Ouaransenis avec son bataillon régulier et
» quelques cavaliers des Hachems. »

D'un autre côté, nos éclaireurs avaient aperçu la division de M. de Lamoricière dans la direction du sud-ouest.

Ce renseignement confirmait le récit de l'enfant. La division de Mascara avait donc pu quitter le Tell, et sa présence avait décidé ce brusque mouvement de la smahla qui ne nous craignait plus et nous croyait rentrés à Boghar. Le prince n'avait qu'un parti à prendre : c'était de gagner aussitôt Taguin, soit pour y atteindre la smahla, si elle y était encore, soit pour lui fermer la route de l'est et la rejeter forcément sur le Djebel-Ahmour, où, prise entre les deux colonnes de Mascara et de Medeah, il lui aurait été difficile d'échapper. Car dans ces vastes plaines où l'eau est si rare, les routes sont toutes tracées par les sources si précieuses qu'on y rencontre de loin en loin.

Ce plan était simple : mais pour oser l'adopter, il fallait placer une grande confiance dans le dévouement des officiers et des soldats ; il fallait franchir d'une seule traite un espace de plus de vingt lieues, où l'on ne rencontrait pas une goutte d'eau. Le prince compta sur l'énergie des troupes ; l'épreuve qu'il en a faite a montré qu'il ne s'était pas trompé.

Il subdivisa la colonne en deux : l'une essentiellement mobile, composée de la cavalerie, de l'artillerie et des zouaves auxquels il avait attaché cent cinquante mulets pour porter les sacs et les hommes fatigués ; l'autre, composée de deux bataillons d'infanterie et de cinquante chevaux, devait escorter le convoi sous les ordres du lieutenant-colonel Chadeysson.

Après une halte de trois heures, les deux colonnes partirent ensemble, conduites chacune par des guides sûrs. Le rendez-vous était à Ras-el-Ain-Mta-Taguin.

La nuit fut pénible ; le vent du désert, le terrible simoun

soufflant avec violence, soulevait une poussière épaisse qui
rendait encore plus cruelle la privation de l'eau ; l'inquié-
tude doublait nos fatigues. Les fantassins surtout souffri-
rent beaucoup, et avec un courage admirable ; on ne sait
vraiment ce qu'on peut exiger de pareils hommes, qu'après
l'avoir obtenu.

Le duc d'Aumale était parti avec la colonne légère. Le 16,
au point du jour, on vint le prévenir que la smahla était
fort près de lui ; on assurait avoir vu ses feux. Comme il se
croyait fort près de Taguin, et que ces renseignements
étaient donnés avec beaucoup d'assurance, le prince partit
au trot avec la cavalerie, laissant en arrière le lieutenant-
colonel Chasseloup, avec les zouaves et l'artillerie ; des
guides devaient le conduire au rendez-vous commun.

Après deux ou trois heures de marche rapide , au trot et
au pas, le prince s'aperçut qu'on nous avait entraînés tout-
à-fait en dehors de la direction. Effectivement, nous allions
à l'Oued-Beda, dont nous étions encore fort loin , et nous
étions conduits par deux traînards de l'infanterie régulière.
On sut depuis, qu'effectivement l'agha Abd-el-Baki était là
avec une vingtaine de douars. Mais quand bien même toute
la smahla y eût été, le prince ne pouvait, sans une grave
imprudence, s'éloigner autant du rendez-vous indiqué , et
s'engager dans une poursuite qui pouvait être longue, avant
d'avoir réuni toute la colonne. Il reprit donc la direction
de Taguin.

C'est entre dix et onze heures du matin , lorsqu'il avait
déjà perdu l'espoir de rencontrer l'ennemi, lorsqu'il était
uniquement préoccupé d'arriver à cette source de Taguin
qui semblait fuir devant nous ; c'est alors que l'agha des
Ouled-Aïad, Ahmar-ben-Ferrath, vint l'informer de la présence inattendue de la smahla, sur cette même source,
dont la possession ne devait pas être le moindre prix de la
victoire.

Ahmar et ses cavaliers, effrayés de notre petit nombre et

de la grande masse de nos ennemis, se jettent alors aux ge-
noux du duc d'Aumale, et le supplient d'attendre son infanterie, lui représentant que malgré leur énergie, les zouaves
ne pouvaient pas arriver avant deux heures ; et cependant
une demi-heure de retard aurait suffi pour que les femmes
et les troupeaux fussent hors de notre portée et pour que
les nombreux combattants de cette ville de tentes eussent
eu le temps de se rallier et de s'entendre. Alors tout eût été
compromis; aussi le prince n'hésita pas un instant : « *Jamais,*
» s'écria-t-il, *jamais personne de ma race n'a reculé,* » et
immédiatement il prit ses dispositions pour l'attaque.

Un mot sur l'ennemi que nous avions devant nous.

Lorsqu'Abd-el-Kader avait vu tous ses établissements
fixes successivement envahis et détruits par nos soldats ;
pressé entre le désert et nos colonnes, il avait compris que
pour sauver les plus précieux débris de sa puissance, il ne
lui restait plus qu'un moyen, c'était de les rendre mobiles,
comme les tribus les plus mobiles, et de dérober à nos armes,
par la fuite, ce qu'il ne pouvait leur disputer par le combat.

Il organisa donc la *smahla*. Ce n'était pas seulement la
réunion de quelques serviteurs fidèles autour de la famille
et des trésors d'un chef ; c'était une capitale ambulante, un
centre, d'où partaient tous les ordres, où se traitaient toutes les affaires importantes, où toutes les grandes familles
trouvaient un refuge sans pouvoir échapper ensuite à l'inquiète surveillance qui les y retenait. Et autour de ces grandes familles se groupaient des populations immenses qui les
entouraient comme d'un rempart vivant, des tribus du désert qui les guidaient et les protégaient au milieu de ces
vastes plaines. Incapables d'agir seuls, ces éléments hété-
rogènes obéissant à une seule impulsion, présentaient dans
leur ensemble une masse compacte et imposante à tous les
yeux. Une fois incorporées à cette immense émigration, les
tribus ne pouvaient guère la quitter et constituaient elles-
mêmes, pour ainsi dire, la force qui les maintenait dans

l'obéissance. La solution de ce problème n'était pas une des moindres œuvres du génie de notre infatigable ennemi.

Le campement de cette population nomade en fait connaître parfaitement l'organisation : il était toujours le même, toujours régulier, sauf les obstacles invincibles opposés par le terrain, et se composait de quatre enceintes circulaires et concentriques où chaque douar, chaque famille, chaque individu avait sa place fixe et marquée, suivant son rang, son utilité, ses fonctions, ou la confiance qu'il inspirait.

La smahla arrivant à son gîte, la tente de l'émir se dressait au centre du terrain que le camp devait couvrir. Elle était immédiatement entourée des tentes des serviteurs intimes et des principaux parents d'Abd-el-Kader, qui composaient la première enceinte. . . . . 5 douars.

La seconde, comprenait les douars du khalifa Ben-Allal et de ses parents, ceux de l'infanterie régulière et de quelques chefs importants . . . . 10 id.

La troisième était absolument formée par les Hachems-Cherragas et par les Hachems-Garabas qui, dans les premiers temps, se trouvaient peu nombreux, mais qui, au moment de la prise de la smahla, l'étaient beaucoup, parce que l'émir venait de les enlever à peu près tous dans la plaine d'Éghriss. . . 207 id.

La quatrième enceinte, plus ou moins rapprochée des enceintes principales, suivant les difficultés du terrain, l'eau, les bois ou les pâturages, était formée par sept tribus nomades qui, nous l'avons déjà dit, servaient à la smahla de guides et de protection dans le désert . . . . 146 douars

TOTAL. . . . . . . 368 douars

de quinze à vingt tentes chacun.

On peut évaluer à vingt mille âmes la population de cette ville errante, et à cinq mille le nombre des combattants armés de fusils, dont cinq cents fantassins réguliers et deux mille cavaliers.

Les renseignements que nous avions recueillis étaient exacts. Abd-el-Kader était absent, ainsi que ses principaux lieutenants, mais leurs familles étaient là ; les richesses, les affections de tous les grands ennemis de notre domination étaient dans la smahla. Celle-ci était arrivée le 15 au soir à Taguin ; ses chefs la croyaient en sûreté, et ne se doutaient pas de la marche secrète et rapide de la colonne de Medeah. Le 16 au matin, la tente d'Abd-el-Kader s'était dressée, et cet exemple avait été suivi par toutes les autres. C'est au moment où cette opération s'achevait, au moment où les hommes menaient les troupeaux pâturer dans le marais, qu'un cri terrible retentit dans tout le camp : « *Er Roumi !* » *Er Roumi !* » (le Chrétien ! le Chrétien !)

Notre cavalerie venait d'apparaître et se déployait sur un mamelon pierreux qui domine la source de Taguin.

Le duc d'Aumale avait à peine eu le temps de reconnaître la position ; mais, comme nous l'avons dit, il s'était immédiatement décidé à attaquer, sans laisser à l'ennemi le temps de se remettre du trouble causé par notre brusque apparition. Notre petite troupe se forme rapidement. Un premier échelon, composé des spahis et du goum, s'ébranle au trot, il est commandé par le colonel Yusuf. Un fort turc en ruines, qui domine la source autour de laquelle est campée la smahla, lui a été donné pour point de direction. Le prince le suit avec les chasseurs et gendarmes dont il a formé sa réserve. Mais un mouvement du terrain nous laisse voir l'immensité de la ville de tentes et cette fourmillière d'hommes qui courent aux armes. Nos irréguliers épouvantés se débandent ; les spahis étonnés s'arrêtent ; jamais nos troupes indigènes régulières n'avaient été mises à une pareille épreuve. Le duc d'Aumale le comprend ; il voit que la lâcheté du goum va devenir contagieuse si les spahis ne sont pas soutenus : il faut engager tout le monde, et l'audace seule peut décider du succès. Le prince fait donc oblique à droite avec le deuxième échelon et dépasse le premier ; l'impétuosité française se communique à nos spahis. Leurs intrépides officiers les haranguent, les entraînent, et bientôt le douar d'Abd-el-Kader est atteint.

En vain les fantassins réguliers s'élancent hors de leurs tentes, et par leur feu nourri essaient de repousser la charge. Ils sont sabrés, pris ou dispersés. Le combat a bientôt cessé sur ce point. Mais les officiers et sous-officiers français continuant au loin la poursuite, donnent à leurs soldats indigènes un nouvel et brillant exemple de notre valeur nationale.

Cependant les chasseurs avaient pénétré dans le camp sous une vive fusillade avec le sang-froid du vrai courage ; ils conservent, dans l'émotion du combat, cet ordre, cet ensemble qui double la force. Leurs rangs, qui s'ouvrent pour laisser passer des vieillards craintifs et des femmes éplorées, se resserrent pour renverser tout ce qui essaie de combattre. Mais la résistance s'organise. La brillante cavalerie des Hachems, tous parents de l'émir, veut arracher aux chrétiens les familles et les richesses des plus fermes défenseurs de l'Islam (la foi). Tandis que de rapides dromadaires entraînent les femmes, que l'on enlève des tentes tout ce qu'elles contiennent de plus précieux, les hommes de guerre saisissent leurs fusils, se jettent sur leurs chevaux, se rallient, s'élancent au combat.

Le prince doit faire face à un ennemi bien supérieur en nombre. Il détache sur la gauche un peloton commandé par le sous-lieutenant Delage. Mais cette troupe se déployant en tirailleurs, engage un combat de mousqueterie et perd ainsi tout l'avantage que notre cavalerie tire en Afrique de l'emploi de l'arme blanche. Le cheval du brave Delage est tué ; plusieurs de ses chasseurs tombent frappés à mort; ils vont être entourés, lorsque le sous-lieutenant de Canclaux, envoyé à leur aide, les dégage par une charge brillante.

A droite, le capitaine d'Espinay culbute, avec son escadron, tout ce qu'il a devant lui, et va arrêter au loin la tête des fuyards.

Enfin, au centre, le lieutenant-colonel Morris se jette, avec trois pelotons, sur le gros de l'ennemi, communique à ceux qui le suivent son irrésistible élan, et, par son intelligente audace, assure le succès de la journée.

Une heure et demie après le commencement de l'affaire, le prince ralliait nos escadrons victorieux. Déjà autour de lui se groupaient des populations considérables qui, pendant l'action même, avaient imploré la clémence française. Tout ce qui demandait grâce et ne combattait pas avait été épargné. Cependant l'ennemi laissa près de trois cents cadavres sur le terrain. Quant à nous, nos pertes se montaient à :

9 hommes tués.

12 — blessés.

16 chevaux tués.

12 — blessés.

La mère et la femme de l'émir, qui avaient été un instant prisonnières, mais que l'on n'avait pu reconnaître dans le premier tumulte, furent sauvées par un esclave fidèle et s'échappèrent sur un mulet que nos chevaux épuisés ne purent joindre.

Le soir, l'infanterie, commandée par les lieutenants-colonels Chasseloup et Chadeysson, arriva après une marche admirable (trente lieues en trente-six heures), fatiguée, mais en bon ordre, et n'ayant d'autre regret que celui de n'avoir pu prendre part à l'action.

La journée du lendemain fut consacrée à ramasser un immense butin et à détruire ce qu'on ne pouvait enlever.

Les trophées du combat étaient :

Quatre drapeaux,

Un canon,

Deux affûts,

Des munitions de guerre, caisses de poudre, etc.

Les caisses de tambour, les armes des fantassins réguliers, les décorations et les insignes de leurs officiers.

La propre tente de l'émir, ses armes de prix, ses effets
précieux, etc.

Ses trésors avaient été pillés et composaient une partie
notable du butin fait par nos spahis et par notre goum. Il est
tel cavalier qui a changé pour dix-huit mille francs de douros
le lendemain de son arrivée à Medeah. Il en est d'autres
qui ont rapporté des sacs pleins d'onces d'Espagne. « Bien
« des gens sont sortis pauvres de leur tente, disait l'agha,
« qui compteront désormais parmi les plus riches. » Outre
les sommes considérables d'argent, on prit encore tous les
burnous rouges qui devaient investir des aghas ou des
kaïds, les gandouras destinées aux gens de loi, des armes
de prix en grand nombre, de riches vêtements, des manus-
crits précieux, des bijoux, etc. Nos Arabes enlevèrent une
foule d'esclaves noirs des deux sexes; plusieurs milliers
d'ânes, quelques centaines de chameaux, des chevaux, des
juments, des troupeaux considérables, sans compter ceux
qui avaient été réservés à l'administration, et qui montaient à vingt mille têtes de bétail.

On s'occupa encore, le 17 mai, de mettre quelque ordre
parmi les populations prisonnières, dont le nombre était
si supérieur au nôtre. « Quand, après la reddition, disait un
» des captifs, nous pûmes reconnaître la faiblesse numé-
» rique de ce vainqueur, *le rouge de la honte couvrit nos*
» *visages;* car si chaque homme de la smahla avait voulu
» combattre, ne fût-ce qu'avec un bâton, les vainqueurs

» eussent été les vaincus; mais les décrets de Dieu ont dû
» s'accomplir. »

Les vaincus s'y soumirent avec la résignation musul-
mane, et, une fois le combat terminé, ne cherchèrent plus
à s'échapper. Étrangers au pays, arrachés à leurs plaines
fertiles par la politique d'Abd–el–Kader, ou leur dévouement à sa cause, la plupart n'auraient su que devenir au
milieu de cet aride désert. Ceux qui avaient fui pendant
l'action eurent un triste sort. Les uns furent enlevés, le 19,
par le général de Lamoricière, sur l'Oued-Reda; d'autres
furent dépouillés par les nomades et périrent de faim et de
misère.

Notre colonne se remit en marche le 18, et arriva le 25
à Medeah. Les populations qu'elle ramenait prisonnières,
presque toutes originaires de la province d'Oran, y furent
renvoyées par ordre de M. le gouverneur-général. Les
principaux captifs furent conservés à Alger pour être dépor-
tés en France ou pour faciliter d'importantes négociations;
on remarquait parmi eux :

Plusieurs parents d'Abd-el-Kader.

Des employés de sa maison et officiers des troupes régulières.

La famille entière de Si-Mohammed–ben–Allal-Ould-Si-
Embarrak, le plus brave et le plus éminent des khalifas de
l'émir, tué depuis dans une rencontre avec nos troupes.

La fille de Miloud-ben-Arratch, conseiller d'Abd-el-
Kader, et son ancien ambassadeur à Paris.

La famille de Mohamed-bel-Kharoubi, premier secré-
taire de l'émir, qui depuis a fait sa soumission.

Si-el-Aradj, marabout très vénéré des Hachems, et plusieurs des principaux chefs de cette tribu.

Il est remarquable que pendant cette pénible marche de
sept jours, notre petite colonne, encombrée de butin et de
prisonniers, n'eût pas à brûler une seule amorce. Abd-el-
Kader était uniquement préoccupé de mettre sa famille à

l'abri et de reconstituer la daïrah qui ne fut jamais que l'ombre de la célèbre smahla. (Les deux mots sont presque synonymes). Quinze jours après, il fit une razzia sur les Bou-Aïch (au sud de Thaza), qui nous avaient servis de guides dans notre expédition. Mais ce fut dans cette région son dernier coup de main; le prestige était détruit. Après le combat de Taguin, toutes les grandes tribus nomades établies sur les hauts plateaux, au fond de Medeah et de Milianah, avaient fait leur soumission, et en même temps d'éclatants succès forçaient les montagnards de l'Ouaransenis et du Dahra à mettre bas les armes.

Tout ce pays, à peine soumis, était parcouru par de nouvelles colonnes et recevait une organisation forte et judicieuse qui rendait à peu près impossible le retour d'Abd-el-Kader. Rejeté définitivement hors de la province d'Alger, celui-ci essaya de résister quelque temps encore dans le sud de la province d'Oran. Mais là, de continuels échecs le forcèrent à chercher un refuge dans l'empire du Maroc, où ses nouveaux alliés apprirent bientôt, à leurs dépens, ce que peut la puissance de la France et la valeur de nos armées.

EXTRAIT *du rapport de S. A. R. le duc d'Aumale, en date du 20 mai* 1843.

« Vous connaissez, mon général, le colonel Yusuf et le lieutenant-colonel Morris; vous connaissez leur brillant courage et leur intelligence militaire, mais je n'hésiterai pas à vous dire qu'ils se sont montrés en ce jour au-dessus de leur réputation. Après eux, je vous citerai, dans l'état-major, le commandant Jamin, mon aide-de-camp, les capitaines de Beaufort, Durrieu et de Marguenat, l'interprète de 1re classe, Urbain. Dans le 33e, le capitaine Dupin, de l'état-major; dans la gendarmerie, MM. Gros-Jean, lieutenant, le maréchal-des-logis Chamber, le brigadier Hurel, le gen-

darme Formeau, blessé; dans le 1er de chasseurs, le lieutenant Litchtlin, blessé; les maréchaux-des-logis d'Orvinsy
et Pobéguin; dans le 4e des chasseurs, les capitaines d'Epinay, Grandvallet et Cadic, le lieutenant Paulze d'Ivoy, les
sous-lieutenants Marchand, Dreue, Canclaux et Delage; les
maréchaux-des-logis Dreux, Carelles, Laroche, Cambriel,
Monphoux; les brigadiers Masson, Bertrand, Boisnet,
Briont; les chasseurs Magnin, Morel, Delacour, Perray,
Lemoine et Desprès; le trompette Hardouin.

» Dans les spahis: le chef-d'escadron d'Allonville; les capitaines Offroy et Piat; les lieutenants Fleury, Jacquier,
Lambert, Frontville et Legrand; les sous-lieutenants Dubarail, Gautrot, Breauté, de Breteuil, Piat et Saïd, blessé
grièvement; l'adjudant Olivier; les maréchaux-des-logis
Mesmer, de Chamitz, Yousouf-ben-Morcelli, Abderrahmannben-Sidi-Ali, Kadda-el-Aboudi; les brigadiers Garnier, Ben
Kasnadji, Hussein-ben-Bechir, Elmedani; les cavaliers
Bouricha, Ouali-Assan, Ben-Aïssa, Ben-Kassem-Ouled-el
Bey, Abderrahmann-bou-Noua, Mourad-bel-Hadji-Moustapha et Ben-Kassem-ben-Omar. »

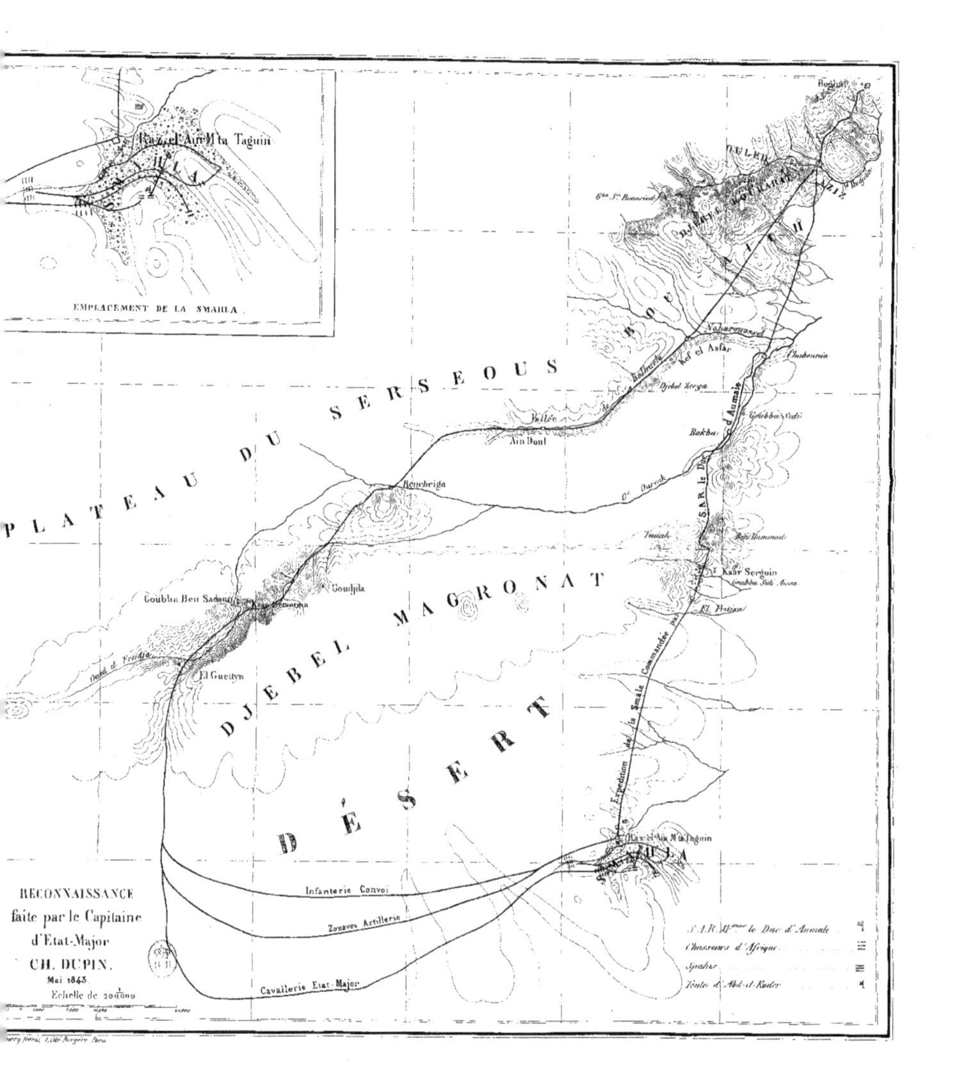

Raz el Aïn M'ta Taguin
EMPLACEMENT DE LA SMAHLA
SMAHLA
PLATEAU DU SERSEOUS
DJEBEL MAGRONAT
DÉSERT
Bouhrari
OULE KH
6ᵉᵉ Sⁿ Remcied
S. A. R. le Duc d'Aumale
Nahar ouassel
Balmela
Kef el Asfar
Chabounia
Djebel Zerga
Guibba Sidi
Vallée
Bakha
Aïn Douï
O. Ouvrak
Bencheïga
Tmiah
Beni Hammad
Kaar Serguin
Goubba Sidi Aoua
El Btizen
Goubba Ben Sadoun
Goudjila
Oued d Fridjia
El Gueltyn
L'Expédition de la Smahla Commandee Par
Raz el Aïn M'ta Taguin
SMAHLA
Infanterie Convoi
Zouaves Artillerie
Cavallerie Etat-Major
S. A. R. Mᵍʳ le Duc d'Aumale
Chasseurs d'Afrique
Spahis
Tente d'Abd-el-Kader
RECONNAISSANCE
faite par le Capitaine
d'Etat-Major
CH. DUPIN.
Mai 1843
Echelle de 200000

1. M. d'Épinay, *Lieut au 4e Chasseurs* — 2. M. Lachtrin, *Lieut au 1er Chass d'Afrique* — 3. Dupuis, *1er soldat 4e Chasseurs* — 4. M. Beuré, *Chasseur coupé* — 5. M. Dupin, *Capitaine d'État major* — 6. Kreiner, *1er soldat 4e Chasseurs* — 7. Lemoine, *1er soldat 4e Chasseurs* — 8. M. Moreau, *Lieut colonel du 4e Chasseurs* — 9. Ihtrmann, *1er soldat 4e Chasseurs* — 10. Palier, *1er soldat 6e Chasseurs* — 11. Chamber, *M des corps, lieut d'Afrique* — 12. M. Durrieu, *Cap d'État major* — 13. M. de Marqueux, *off d'État major 1f Ligne* — 14. M. Grandpont, *Cap de Gendarmerie* — 15. M. Farulaux, *Lt 2e Classe* — 16. M. Cochin, *Cap Régul major* — 17. M. Laouds-allet, *Cap 2e classe* — 18. M. de Beaulieu, *off d'État major du Prince* — 19. Abocib, *Porte feuille* — 20. Jerime Janmin, *Aide de camp du Prince* — 21. S. A. R. Mgr le Duc d'Aumale — 22. La Fille de Sidi-Embarak — 23. M. Ihain, *Interprète* — 24. famille de Ben-Allal — 25. Sidi el-Arab, *Marabout*

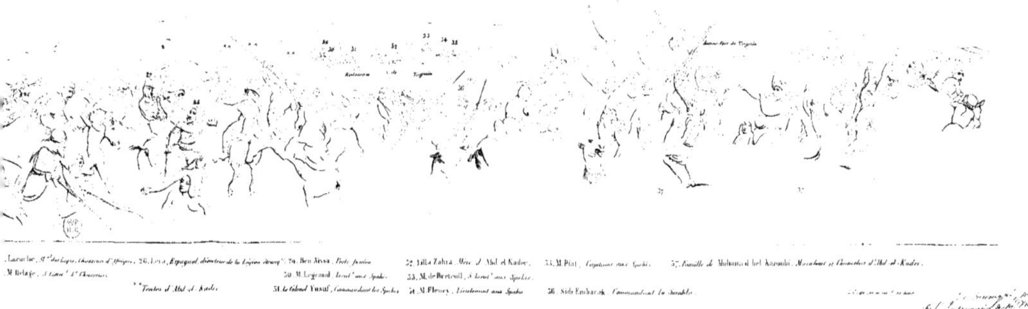

Laroche, M.al des logis, Chasseurs d'Afrique. 28. Lera, Espagnol, directeur de la Légion étrang.re 29. Ben Aïssa, Porte fanion 32. Lilla Zahra, Mère d'Abd el Kader. 35. M. Piat, Capitaine aux Spahis. 37. Famille de Mohamed bel Karoubi, Marabout et Chancelier d'Abd el Kader.
M. Belage, 2.e lieu.t 1.er Chasseurs 30. M. Legrand, lieut.t aux Spahis. 33. M. de Breteuil, S. lieut.t aux Spahis. 36. Sidi Embarak, Commandant la Smahla.
27. Tentes d'Abd el Kader. 31. Le Colonel Yusuf, Commandant les Spahis 34. M. Fleury, Lieutenant aux Spahis

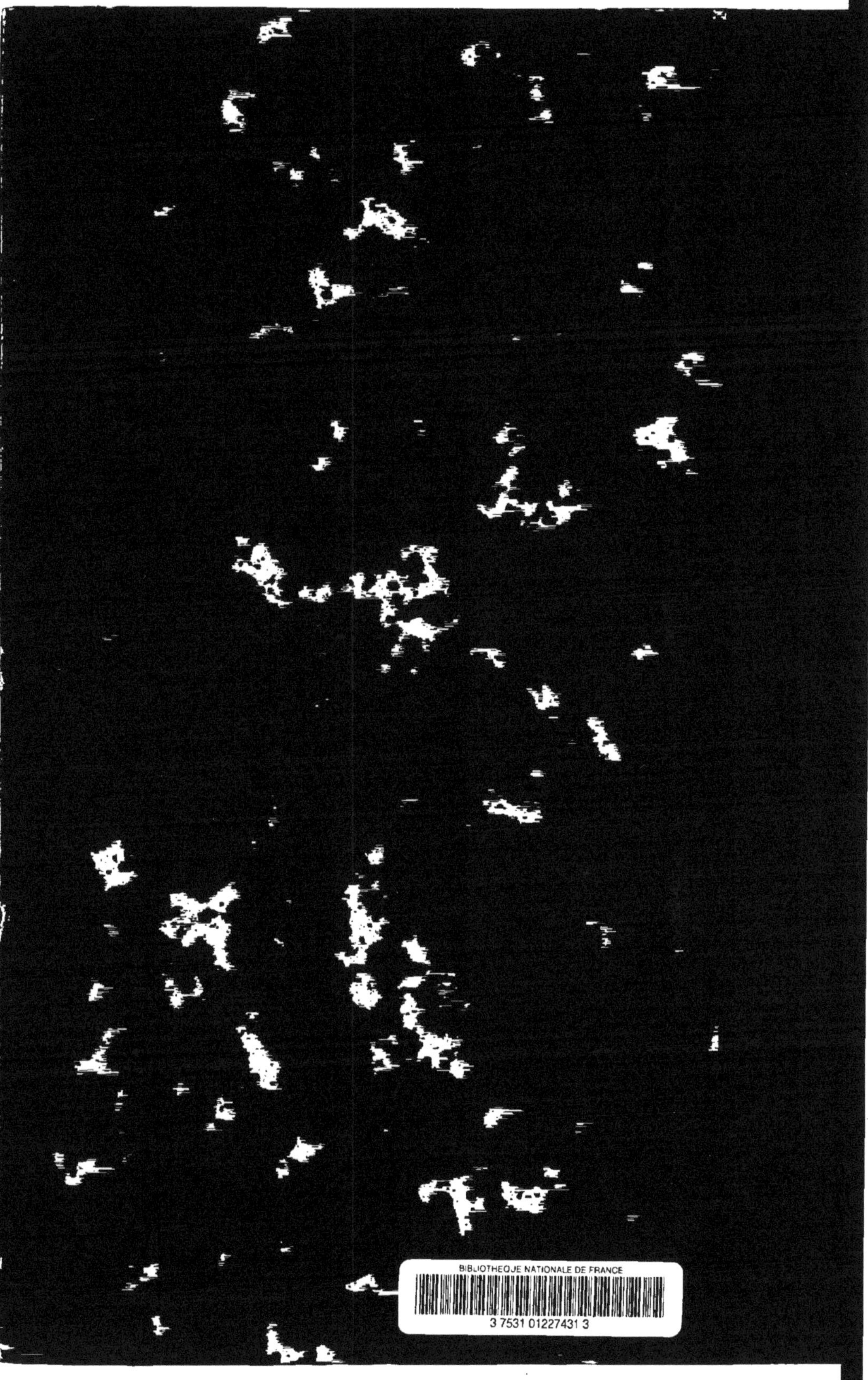